Nostalgias en letras

Nostalgias en letras

Yinuris Castillo

Nostalgias en letras
Primera edición

Autora:
Yinuris Castillo, 2019
Facebook: nostalgias en letras
Instagram: @nostalgiasenletras
ISBN: 9781691738069

Diseño de portada e ilustración:
Lucila Jacob

Maquetado y diagramado:
Edwin Vergara

DEDICATORIA

Para aquellas personas que se enfrentan a la vida, aun sintiendo miedo, para aquellas que combaten las tormentas todos los días con una sonrisa como bandera, para aquellas que trabajan y luchan por sus sueños, con la esperanza que caracteriza a los niños.

Las siguientes páginas son dedicadas a ti, porque así tenía que ser, porque las casualidades no existen, porque todo tiene un propósito.

Van dirigidas a ti, que sé que alcanzarás tus metas y llegarás a tu destino sin importar que sea a la distancia de un viaje o dos...

Con amor,

Yinuris Castillo.

AGRADECIMIENTO

Agradezco a la vida y a las circunstancias.
Agradezco a Dios y al universo.
Agradezco a los momentos, al pasado,
y a esos instantes en que lo único estable,
era la inestabilidad. Doy gracias al presente,
a los retos y desafíos que la vida me ha puesto
en el camino. Agradezco a las decisiones que me
encaminaron para la culminación de este sueño.

En fin, mi agradecimiento es para las personas
especiales que siempre me apoyan.
Mil gracias a mi familia y a mis amigos sinceros.

Por último, pero no menos importante, gracias a ustedes,
queridos lectores, gracias por no permitir que el arte,
el romanticismo, el amor y la esperanza, mueran...

Con agradecimiento eterno,

Yinuris Castillo.

PRÓLOGO
¿DE QUÉ COLOR SON TUS LETRAS?

Muchos piensan que las letras no tienen color.
¿Qué piensas tú?

Leer un libro, un escrito, una poesía o alguna frase, sin
duda causa algún sentimiento en nosotros, algún efecto,
nos despierta emociones, nos lleva de viaje, nos aparta
del mundo, nos aleja de todos, nos recuerda momentos,
nos abraza el alma.

Por medio de las letras se vacía el corazón, el reloj
detiene su curso, se transportan sensaciones, las letras
nos dan un golpe de nostalgias y también nos ayudan
a seguir. Aquí se plasman mediante un contraste
interesante, sueños, decisiones, ilusiones, despedidas
y situaciones que quizá encontrarás en tu vida.

¿De qué color son tus letras?

Te invito a que leas las mías y seas tú
quien defina el color de ellas.

Una vez que descubras cada página, sabrás que en cada
escrito el autor desaparece, para que tú como lector,
renazcas...

I

ELLA

Ella colocó toda su felicidad en él,
y fue más triste que nunca.
Porque él tenía el don
de recordarle sus miserias,
de quebrarla en un segundo
y unir sus pedazos en el siguiente instante.

Y GUARDÉ LO MEJOR PARA TI

Guardé amaneceres para compartirlos contigo.
Guardé tardes de lluvia, películas de amor,
palomitas de maíz y té caliente.

Guardé madrugadas silentes,
lunas en el firmamento que nunca podrían ser dibujadas
y estrellas fugaces para tus deseos.

Guardé también un eclipse de sol y otro de luna
para admirar juntos lo maravilloso del universo.

Guardé oscuridad para tu descanso.
Guardé café caliente para tus mañanas frías.

Guardé tus tristezas en el cofre de la esperanza
y tus alegrías en la memoria de los días...

Guardé mi mejor sonrisa, mis mejores chistes,
mi mejor platillo, todo para compartirlo contigo.

Guardé mi vida, mis ganas y mi poesía.
Guardé mi esperanza, mi llanto,
mis letras, mi voz para tus oídos.

En fin,
guardé todo lo mejor de mí para ti,
pero tú...
            simplemente no lo quisiste.

LO EFÍMERO DEL TIEMPO

A la distancia, entre las personas, se reconocieron.
En ese momento el mundo alrededor se desvaneció
para ellos: ahora sólo eran los dos. En sus rostros se
encendía una sonrisa y sentían que toda su vida se
iluminaba. El choque de sus miradas les hizo estremecer
el corazón. El reencontrarse después de tanto tiempo...
sincronizados por el universo.

— ¡Cuánto tiempo! ¡Cuántos años sin vernos!
— Fue lo único que se dijeron.

Seguido de un abrazo merecido por el destino
o la casualidad: ese que guardaron por tanto tiempo.

Cinco segundos, sólo cinco segundos fueron necesarios
para alegrar aquel día. Para atesorar, de aquel momento
fugaz, un recuerdo que se prolongaría por mucho
tiempo.

Pues ellos... aunque nunca lo pactaban,
aunque no hubiera un acuerdo,
sabían que siempre
                habría un próximo encuentro.

IMPERIOS LEJANOS

De piedra es el corazón,
insensible ante las palabras.
De murallas está rodeada la conciencia,
de rencores la paciencia.
Llena de orfandad el alma.

Se advierten en la lejanía los guerreros que se imponen,
aquellos que se aproximan a las puertas de la ciudad,
con la esperanza victoriosa de ganar.

Ignorantes soldados, creen que la ciudad está desolada,
porque no ven a ningún humano caminar.
Confían que pueden llegar a saquear,
que en ese retirado lugar, pueden llegar a descansar.

Desconocen que en la antigüedad un combatiente
guerrero la conquistó, y la convirtió
en parte de su imperio.

Valientes soldados, ella no existe, dejen de buscar.
La ciudad que admiran, que quieren conquistar,
es un espejismo superficial.

Ya no es ciudad... Es imperio lejano y real.

ELLA

Puedes enamorarte de ella
con solo su mirar su sonrisa,
con una mirada de asombro,
con un reflejo de honestidad de sus ojos.

¡Sí!, puedes enamorarte de ella
por lo sensual de su inocencia,
por su timidez para aceptar la vida
o simplemente por su manera de actuar.

Puedes enamorarte de ella,
en su compañía o su ausencia,
y seguir amándola por la eternidad...

Puedes enamorarte de ella por su entrega,
por su lealtad, por su empatía, por su don de gente.
Puedes enamorarte perdidamente de ella, y si no se lo
dices, nunca obtendrás una respuesta.

Puedes querer ser parte de su vida, abrazar su cintura,
encadenarte a ella. Pero antes, tu mirada
se debe reflejar en sus ojos.
Para enamorarte de ella,
primero debes conseguir
que ella se enamore de ti.

ÉL

Él era cantante. Su voz era música,
sus palabras eran melodías hechas para mí.
Su pasión sacaba mi mejor versión
cuando su guitarra era nuestra compañía.

Él era poeta. Escribía versos en mi espalda,
con su tinta pintaba mis sueños,
con sus escritos acariciaba mi alma.

Él era artista: todo lo que tocaba lo transformaba.
Dibujaba en su lienzo mi rostro.
Amaba cada una de mis imperfecciones.

Él era oscuridad y luz:
era la dualidad del universo.
Su cuerpo era un infierno
donde habitaba la paz.

Él era práctico,
yo no lo era tanto.
Él era risas y abrazos,
yo era letras y besos.

Aprendí a disfrutar,
a pesar de la distancia,
de su compañía.

Él era mío,
y yo era de él.
Él era mi felicidad, y yo,
yo era su hogar.

JUSTO ALLÍ

Cuando la razón no encuentra salida,
cuando parece que se paraliza el corazón,
cuando tus pies sólo desean correr y ser
golpeados por el camino, cuando tu garganta quiera
desangrarse en un grito. Cuando tus manos ya no
quieran sujetarse más por el cansancio, cuando
tu vida quieras terminar, justo allí... en ese punto tan
frágil, en ese rostro que se ha inundado de agua salada,
en esa mirada que ha visto amaneceres... es allí:
en esa frontera: entre lo que eres y lo que sientes,
que debes encontrarme a mí...

Justo allí, yo te buscaré,
cuando tú sientas desfallecer.

DESATINO

Esperando más de lo que pueden dar.
No es porque no quieran. Es porque no saben.

Aguardando cosas que no llegarán.
No es porque no quieran, es porque no entienden.

Confiando en sueños de un pasado,
en un futuro sin soñadores.

Llenos de la realidad,
inmersos en utopías y cargados de una desesperada
esperanza, así pasan las agujas del reloj,
en este juego que se llama vida.

Y volvemos a esperar más de lo que pueden dar.

TERRIBLE VERDAD

Me inmovilizó el escalofrío que corría por mí cuerpo.
En lugar de sangre, lo que corría por las venas parecía
hielo. Me vi atrapada en el abismo,
secuestrada por el miedo.

Su rostro inspiraba terror, su mirada traición.
Sus palabras fabricadas con veneno y escupidas al viento
lastimaban, sus actos premeditados a consecuencia del
poder corrupto eran aterradores. Sus intenciones eran
claramente oscuras. Juro que nunca sentí tanta maldad
revoloteando a mí alrededor.

Mientras inhalaba mentiras tan llenas de verdades,
exhalaba verdades tan llenas de mentiras.
Y hubo un grito a la conciencia en donde
se degustaba el sabor a la traición. Su traición.

ZOMBIS

Allí van, como zombis, colocando precios de remate a cosas que no tienen valor. Se ven caminar, devaluando lo que tocan, vendiendo lo que piensan, regalando oro y cambiando diamantes por piedras, porque la conciencia no distingue, no discierne, no comprende que son títeres del juego macabro, producto de esta realidad.

Eligen sus intereses antes que rescatar vidas,
porque es más fácil inclinarse hacia la mayoría.
Son guerreros letales apuntando contra sí mismos.
¡Zombis! Aquellos muertos en vida. Allí van...

Y yo me digo:
Mil veces morir en guerra que fallecer en vida.
Mil veces elegir la minoría antes que la mayoría.
Mil veces perecer luchando, que permanecer muriendo.

¡Zombis, les suplico que vuelvan a la vida!

POR MOMENTOS

Todos sabemos cuando ya no amamos a alguien.
Todos sabemos cuando ya no somos amados.

Todos sentimos cuando se deja de amar.
Todos sufrimos cuando el amor se acaba.

Y, por momentos, la estabilidad se vuelve tan inestable.

GUERRERO MEDIEVAL

Y me haces falta de vez en vez,
y te extraño de tiempo en tiempo.

Cómo eliminarte de mi pensamiento
si después de años aún sigues aquí:
en mi piel, en mis noches, en cada parte de mí.

Y apareces, cada ciertos días,
para recordarme que te hago falta,
para decirme que también me extrañas,
que no me has olvidado como yo lo creo.

Y en las letras aún se puede percibir el sentimiento,
se respira tu aroma que despierta mis pensamientos,
se puede tocar la tristeza en el papel,
porque aún te echo de menos.

Guerrero valiente
siempre calibrando mis emociones,
cómplice de mis batallas,
diccionario personal
de mis definiciones.
Respuesta a todas mis preguntas,
¿cómo permití que te fueras de mí?

Te regalé el boleto de partida
soñando que regresarías algún día.

Los sentimientos de culpa me destrozan,
cada partícula de mi cuerpo me acusa.
Ahora pienso que pude ser mejor,
debí intentar cambiar el viento
y atreverme a partir contigo.

Pero mi elección fue perecer cada día con tu ausencia,
agonizar cada hora, cada segundo. Sobrevivir frente al
acuerdo de abandono voluntario firmado por los dos.

Hoy, trato de aliviarme, de consolarme mientras cierro
los ojos y enmudezco mi mente que no para de pensarte.
Aceptando que me haces falta de vez en vez,
y que tú aún me extrañas de tiempo en tiempo.

Por más que lucho con este sentimiento,
es siempre una batalla perdida. El sentimiento
me ahoga en un mar de tristeza y dolor:
de lágrimas de sangre.

Aquí estoy, en compañía de la soledad,
como témpano de hielo, tan árida, tan cruda,
tan desolada, tan agonizante, en fin, tan solo yo.

No cabe duda de que me arrebatas la vida,
las ilusiones, los sueños, el amor.

No sirve huir, ¿para qué?, todos los caminos
me llevan siempre hasta tu recuerdo.

Ha llegado el invierno.
Ya es muy tarde de la noche.
La ciudad se apaga lentamente,
así como la llama de mi corazón.

Es hora de seguir...

LA ANTESALA DEL INVIERNO

El alma destruida se arrastra por la tierra,
trae consigo las palabras, las ilusiones y los sueños.

El alma devastada mira al cielo
que presenta un atardecer
lleno de sueños amarillos,
de colores chocolates y miradas al viento...

Pinceladas de otoño,
cubriendo caminos de hojas secas,
esperando el invierno cruel para desaparecer.

El alma desolada le habla al corazón buscando la verdad
de un acertijo que no tiene explicación.

Y entonces, es el otoño la única antesala...

DISTANCIA

Tomó distancia. Se alejó,
aunque todo lo había apostado por él.

Aun sabiendo que el juego no había terminado,
ella simplemente tomo su decisión: partió.

La incertidumbre del azar
no era lo que quería,
no era lo que buscaba...

Se marchó. Se retiró sabiendo
que podía ganar. Se marchó
por miedo a perder...

Buscó otros horizontes.
Apostó a otros amores.

Así se fue de él,
así olvidó su voz,
su rostro,
y nunca entendió,
que al marcharse,

        perdieron los dos...

LO OLVIDÉ

Nos levantamos de la mesa
y sentí que se me quedaba algo,
esa sensación estuvo impregnada
en mi pensamiento por muchas horas.

Ahora que ha caído la noche, descubrí
que lo que se me quedaba en aquel café,
eran mis sueños, una parte de mi vida junto a ti...

En aquel café dejé olvidada mi historia contigo.
Porque si tu felicidad significa mi infelicidad,
abandono mis armas.

NO HAY

El sol quema las esperanzas y todo lo devastó.
El crudo invierno todo ya congeló.
No hay primavera, no hay otoño, no existe nada.

No hay fuerzas para luchar.
No existen motivos para escribir.
No hay canciones por cantar.
No hay sueños que lograr.

No hay mundos por descubrir,
ni poemas que recitar.
Hoy no hay nada que esperar.

No hay cartas que llegarán,
ni llamadas por contestar.

No hay amaneceres de colores por los cuales despertar,
no hay futuro prometedor por el cual batallar.

No hay risas, ni llanto,
ni lamentos, ni alegrías.
No encuentro fuerzas para luchar.

No existen motivos para estar aquí.
No existen razones para permanecer así.

TIBURÓN BLANCO

Es raro que se encuentre un tiburón blanco
acompañado. Siempre se alejan, inclusive los recién
nacidos se alejan de su madre apenas salen de su vientre.

Tú siempre fuiste un tiburón blanco.
En mi mirada se refleja
un sufrimiento desde que te marchaste,
el corazón padece falta de afecto, falta de ti.

Me traicionan los recuerdos y en mis oídos resuena tu
risa. Un nudo en la garganta se adueña de mi voz
y entonces vuelvo a llorar por ti.

No he tenido la valentía para eliminar los mensajes,
ni las canciones, ni los poemas que me escribías, y en
cada una de estas letras trato de exorcizar el recuerdo de
las fotos que nunca tomamos, la suavidad de tu rostro,
la claridad de tu cuerpo.

Simplemente no valoraste cada vez que me desprendía
de mi piel para curar tus heridas, cada vez que desafiaba
mi mundo para estar en el tuyo. De nada valió todo a lo
que renuncié, poco importó que te diera mi vida
para hacerte feliz.

Mi tiburón blanco, te alejaste sin explicaciones, como era
tu costumbre, dejando la soledad como compañía y un

dolor abismal con tu ausencia, ese fue el peor acto
de inmadurez que pudiste regalarme.

Hoy dueles, duelen tus promesas, tu cobardía, duele tu
falta de querer luchar, tu conformidad. Aniquilaste mis
ganas de creer. Eliminaste toda mi fe. Ajusticiaste una
parte de mí. Tus promesas nunca fueron
ciertas; quedaron tan distantes de tu verdad.

Me dejaste agonizando, mientras yo me despedía sin
querer decir adiós, tratando de entender con mi mente
lo que no aceptaba el corazón.

Hoy te dejó ir para poder salvarme,
para revivir, para seguir, pero sin ti...

SIN TI

La vida sin ti es otra cosa.

La ausencia se observa,
tu energía aún se siente.

La tristeza va impregnada en el alma y
con tinta imborrable en el corazón.

LA CARA DE LA DEPRESIÓN

La cara de la depresión se dibuja con trazos invisibles,
tiene miradas ausentes incrustadas en abismos oscuros,
encajadas en precipicios eternos. En sus ojos color
ébano se encuentra desconsuelo, en sus labios
la sonrisa se convierte en mueca, y en su rostro
se contorsiona la tristeza.

No existen ganas de llorar, no hay fuerzas para eso,
con sus rasgos intangibles y amargos,
la depresión te aplasta la vida.
Es la realidad burlándose de la tristeza,
es la encarcelación de los pensamientos,
la locura de la aflicción y el desasosiego.

Es aquello que nos hunde en el océano de la
desesperación, nos encadena los pies, nos ata de manos,
nos secuestra los sueños, nos anula la razón,
nos ciega, nos daña, nos arranca la vida.

La depresión es un estado desconsolador, el más árido y
cruel que puede llegarse a sentir; es el punto lleno de
oscuridad, es sentirse solo en compañía.

Sentir la depresión acariciándote es peor que sentir
la muerte. Es quedarse dormido y respirar dolor...

Para ganar esta batalla hay que asumir
que nos encontramos en ruinas,

que somos una ciudad devastada,
y que aunque no se sientan las fuerzas,
tenemos la responsabilidad de reconstruirla.

PAPÁ

Apenas sé tú nombre, a ti quizá nunca te interesó el mío.
Sé cuántos años tienes, tu memoria no se acuerda de los
míos.

El calendario percibe un tiempo lejano que se dibujó
sombrío, penumbra que hoy envuelve, que atrapa,
oscuridad que es destino.

Elegiste no ser nada y hoy eres ausencia que deforma mis
sentidos, dolor que gasta mis latidos. Rencor es lo que
me deja tu vacío.

La sentencia está dictada, fuiste jurado de conciencia,
victima, juez y abogado defensor, al final,
decretaste tu condena.

En aquel juicio en donde tu compromiso era yo,
cadena perpetua de tu ausencia declaraste,
sin mediar apelación...

Hoy, doy las gracias por condenarte voluntariamente
y renunciar a mi amor.

¿CUÁNDO DEJASTE DE AMARTE?

Dejas de amarte cuando dejas de ser prioridad para ti. Cuando quieres agradar a otros, aun sabiendo que permaneces en contra de tu voluntad... cuando haces cosas que no quieres ni deseas.

Dejas de amarte cuando sobrepasas tus límites. Dejas de adorarte cuando te mientes, cuando la manipulación te toca y no haces nada para evitarlo.

Dejas de quererte cuando te enojas contigo por tus actitudes, y te abandonas por no saber decir: no.

Dejas de quererte cuando no conoces lo que significa el amor propio. Cuando das, otorgas y vuelves a entregar, sabiendo que no recibirás lo mismo a cambio.

Dejas de amarte cuando en el silencio de la conciencia sabes que eres (muy a tu pesar) tu propio verdugo.

SI PIENSAS

Si piensas que tu vida no te sirve,
tu vida me puede servir a mí.
Te la cambio por la mía que está rota.

Buscando un puerto, un atardecer, algunas lunas,
en este septiembre caótico mi vida busca palabras,
letras y soledades que se esconden en el alma.

DICIEMBRE NEGRO

La noche fría me habla de ti.
La lluvia trae tristemente tu recuerdo.

Han sido difíciles los años de tu ausencia y la tristeza
siempre sigue rondando en alguna esquina,
hasta en los días más felices.

Ya diciembre se acerca, el tiempo no da tregua y, a pesar
de los años, aún te extraño.

A veces, intento imaginar cómo reaccionaría si la vida
me golpeara de nuevo de la misma forma y el panorama
se eclipsa eternamente. Mi cuerpo no lo aguantaría,
mi mente no lo resistiría.

En todos mis amaneceres intento sobreponerme y
prepararme para lo que los días me traerán.

Ya se acerca diciembre, otro diciembre sin ti, otra
navidad entre risas y dolor, entre brindis de esperanzas y
lágrimas de ausencia, entre buenos deseos y tristes
recuerdos. Así pasaré los años que me quedan,
celebrando con el mundo la alegría de las navidades y
hundiéndome en el dolor de tu eterna ausencia.

Los corazones

protegidos

acaban

convertidos
en piedra.

Penélope Stokes.

TAN FUGAZ

Llegaste a mi vida inesperadamente,
y de la misma manera te marchaste.

Como la luz de un relámpago fuiste,
viniste para iluminar el cielo de mi noche
        solamente
                por unos segundos...

EL ARTISTA SOLITARIO

El artista solitario vaga por la vida aislado y vacío,
aunque pueda elegir compañía.

El ermitaño artista es poesía, mentira que trata de ser
verdad. Él ama a dos mujeres o quizás a más.

Unas representan locura y fantasía,
otras solidez y seguridad.
Una es su reina, la otra su niña,
una es la estrella de sus ojos, la otra es su hogar.
A una la conoce, a la otra la imagina,
pero, ¿a cuál le declara la verdad?

El artista solitario ignora cómo actuar, porque el artista
es artista del mal. Lleva grabado en su mente alevosía y
traición, sus labios recitan dulzura y bondad, pero su
vida es oscura, cruel y miserable. Sus pies no le
pertenecen y sus manos las letras reclaman.

Te guía a su infierno, te entierra en su depresión, te
lanza al fuego de su ironía y te sumerge en la locura de su
pasión; de su mano, sin duda alguna conoces el averno
en su máximo esplendor.

El artista solitario no sabe amar, disfruta que sufras, ama
observarte padecer, le gusta sentir tu infelicidad y que
seas infeliz con él.

El artista solitario, después de mucho vagar, llegó a su final... Su último cigarrillo marcaba la hora de partir y esta vez no existirían besos en la frente, era la hora de morir...

Entendió que ya no hay hogar al cuál regresar,
que nunca comprenderá lo que es amar...

NECESITO

Necesito con urgencia una dosis de abrazos,
una porción de besos, una ración de buen amor.
Solicito una buena conversación, pero no una
cualquiera, quiero una que le devuelva a esta pobre
mortal la esencia que ha perdido en el camino.

Requiero que me donen los besos que perdí y necesito
esos que no han vuelto a brotar.

Demando noches oscuras y eternas, llenas de pasión,
con amaneceres grises y lluviosos... pero llenos de amor.

Necesito con urgencia una tarde de poesías,
un anochecer de versos, una madrugada de sol.

NO ENTIENDO

El pensamiento es confuso,
la razón trata de entender,
las palabras intentan explicar.
¿Cómo traspasar una idea, convertirla en explicación?

Hay ocasiones en las que no comprendo lo que se
requiere aplicar a la situación. A veces no comprendo en
su totalidad el tono de la conversación, las palabras no
tienen entonación y se convierten en una barrera para
nuestra comunicación.

Cómo entender algo que es difícil de explicar para el
locutor y que pretende que entendamos a la perfección.

Paciencia suplico a tal situación.
Entendimiento imploro a tal frustración.

NO TE ENAMORES DE MÍ

No te enamores de mí porque puedo causarte mucho
daño. Puedo llevarte al cielo y hundirte en el infierno en
un instante. No te enamores de mí porque soy
enigmática, camaleónica, calculadora.
No te enamores de mí.

Hoy puedes ser un Dios en mi vida,
mañana puedo convertirte en diablo.
Hoy puedo ser dulce, mañana una villana.

No creo en sucursales o establecimientos afectivos,
vivo de vacíos existenciales y la eterna soledad
es mi compañera de guerra...

No te enamores de mí, pueda que te dañe,
pueda que te ame.

No te enamores de mí.
Hoy soy vida, mañana puedo ser muerte.

ME DI CUENTA

Agotada de días amargos que desgastan la piel y el alma.
Lesionada de atardeceres fabricados de mentiras que
juegan a ser verdad. Fatigada de los besos sin sabor
y de uno que otro nombre que prefiero olvidar,
me doy cuenta de que estoy huyendo,
pero sin saber de qué o de quién...

Poseo un motín cargado de sentimientos en el corazón,
en donde existen más que besos que buscan ser
bautizados, más caricias que desenfreno; en donde
espero atardeceres que alguien me ayude a pintar.
Necesito encontrar esos versos perdidos que me
devuelvan el amor....

Allí es cuando reconozco lo que busco, y no consiste
en rostros, ni lujos, ni riqueza, sino en un lugar donde
poder descansar el cuerpo, revivir mi alma y reanimar
el corazón...

CUANDO ME PIERDAS, NO TE LAMENTES

Cuando me pierdas y sólo tengas en tu memoria mis palabras, el eco de mi voz, no te lamentes. Cuando no seas el motivo de mi risa, cuando mis ojos ya no miren en la dirección que me lleva hacia ti, no te lamentes...

Cuando me veas feliz, cuando mis letras describan mis alegrías y ya no seas tú parte de ellas, no hay por qué afligirse, es mejor así.

No te arrepientas porque me perdiste, porque ya no estoy, porque antes de perderme tú, te perdí yo...

No te lamentes porque mi vida siguió y no se detuvo con tu indiferencia ni con tu adiós. Mi vida después de ti, cambió.

No te lamentes por haberme perdido, ya no es tiempo de enmendar errores, recoger palabras o retomar inútiles conversaciones. No es tiempo de estar triste, de arrepentirse o afligirse, es hora de aceptar lo que fue y continuar.

Con pasos lentos pero firmes me iré, para no detenerme.

MEMORIA SELECTIVA

Hoy tu perfume en alguien extraño me hizo recordarte.
Hace ya cuánto que decidiste partir...

Por mucho tiempo mantuve la esperanza de que
regresaras, pensando que tal vez extrañarías algo de mí.

Dicen que con la luz apagada no se ven las miserias,
las mías se observaban en la sombra y en la luz,
no existe diferencia.

Cuando veía mis cicatrices en aquellas tardes que no
estabas, mi corazón con cada latido me recordaba
las promesas nunca cumplidas.

¡Maldita la hora de tropezar con aquel extraño,
inevitablemente te revivió dentro de mí!

TELARAÑA

El sol pintó con sus colores el cielo, ya amaneció.
Un te quiero mucho, un te extraño, fueron las primeras
palabras que me despertaron.

Y allí esta sensación de ausencia, amistad y amor,
telaraña complicada que ninguno de los dos entiende.
De nuestras vidas tan separadas que nos unen,
de encuentros tan esporádicos que nos separan...

¿POR QUÉ BUSCAS EN EL PASADO AMORES QUE YA MURIERON?

¿Por qué buscas en el pasado amores que ya partieron, personas que para bien o para mal ya no están en tu vida?

Cuando se desentierran los amores del pasado creyendo que son mejores que los que te puede ofrecer la vida en el presente se prohíbe a la razón y se ciega el corazón, porque se está enamorado de un recuerdo, de un pasado, de una persona que ya ha cambiado.

Ama el presente, el momento, el ahora. Celebra las personas que la vida te coloca en el camino. Atrévete a arriesgarte, a sentir, a experimentar esas sensaciones que creíste no merecer.

Regálate la oportunidad de ser, de conocer y de amar.

Hazte la pregunta: ¿Por qué buscas en el pasado amores que ya murieron? No vivas del recuerdo de alguien, acéptalo, deja que fluya el sentimiento y vive la felicidad de otro amor.

LA VERDAD SOPORTABLE

Hoy digo adiós a tres años de mi vida con la aflicción
en mis venas, con la pena a flor de piel pero con el
espíritu fuerte, con la voluntad de seguir. La noticia
fue dada y hay que asimilarla. Desde que fuimos
concebidos somos ganadores, nuestra naturaleza
no fue creada para perder...

Hoy los pensamientos son fugaces, acelerados, caen al
vacío uno a uno, se mezclan sentimientos con las letras
y se hace la entrada de honor correspondiente
al proceso obligatorio.

Esta evolución requiere su tiempo, su espacio, su
introspección, es la única fase que te ayuda a seguir.
Es un proceso necesario que nos hace desafiar realidades
y nos encara en franca batalla con la vida.

El duelo nos arroja al suelo, nos arrastra, nos hace sufrir.
El duelo nos hace sentir vivos y muertos al mismo
tiempo, pero después coloca el símbolo de triunfo,
implanta estandartes de conquista y te ayuda a izar
banderas de victoria, para ofrecer miradas a la memoria
del dolor, sintiendo paz.

EN EL OCASO DE LA TARDE

En el ocaso de la tarde abandonó sus armas,
dejó su alma al viento, le permitió ser libre,
sintiéndose culpable por buscar aquello que no existe.

Decidió dejar de ilusionarse, de apuñalarse,
limitó a su mente. Condenó nuevamente
el sentimiento, enfrió su corazón.
Bloqueó los suspiros que aún vagaban
en su respiración...

En el ocaso de la tarde abandonó sus sueños,
transformó su dolor, se cansó de insistir, de esperar.

Aquella tarde la convirtió en olvido, en pasado,
en agua de mar para su rostro y la congeló en el tiempo.

Él la busco y advirtió que era muy tarde...
ya no había sol para derretir el hielo que cubría su
corazón.

ADIÓS A LA ILUSIÓN

Me estoy despidiendo de mis sueños contigo,
de las historias que sólo yo inventaba de los dos.
Le estoy diciendo adiós a esas atenciones que alguna vez
se traducían en confusión...

Hoy me estoy despidiendo de ti con pasos tranquilos,
de la forma más consciente que puede existir.

Mi mirada ya se detiene en otros ojos,
empieza a ser abrazada por otras ilusiones.
A mis labios le empiezan a interesar otras sonrisas
y a mi mente otras conversaciones...

La soledad, tus desplantes, hicieron que dejaras
de ser tan importante para mí.

Ahora he encontrado mi felicidad en otros mundos.

SOLA POR ELECCIÓN

Dicen que no todo está escrito en la vida. Mi única verdad es que me encuentro sola por elección. Ya he escuchado cuentos que muchas veces no son verdad, me he reído de increíbles historias y he creído otras más...

Estoy sola por elección, buscando elegir bien. Esperando que llegue la persona que quiera estar junto a mí.

Ya estoy completa, pero hay temporadas que deseo convertirme en eternidad, en las que necesito un complemento.

Estoy sola por elección, porque no quiero vivir dramas existenciales, celos absurdos, noches sin dormir.

Estoy sola por elección, preguntándome por qué aún no llegas, o si acaso estás cerca y yo estoy ciega.

Estoy sola por elección, esperando un corazón sincero que traiga paz para mis tormentas.

No quiero una mitad, yo ya estoy completa.
Busco alguien que, como yo, ya esté completo,
que esté buscando una compañía de verdad.

SEPTIEMBRE GRIS

Muchas veces no podemos explicar el sentimiento
que nos hace sufrir, sólo sabemos que está doliendo.

Muchas veces no sabemos las luchas internas
de las personas que creemos conocer.

No existe un termómetro o un indicador de dolor,
no podemos sentir el sufrir de la otra persona,
sólo lo podemos imaginar.

Todos los días alguien sufre, alguien se siente morir y,
a pesar de esto, todo algún día pasa, se supera el dolor,
se convierte en recuerdo, reconstruimos los muros,
nos llenamos de esperanza.

Podemos hoy estar destruidos, mañana destrozados, pero
debemos mantenernos en pie para las luchas del día a
día, para los huracanes emocionales. Debemos estar
preparados para sufrir, pero aferrados a la esperanza
que siempre permanece para batallar la guerra.

*Probablemente alguien llegará. Para extendernos una mano,
para ser mejores, para hacernos renacer...*

ELLA PIENSA EN ÉL

Ella piensa en él, y no es que la asalte su pensamiento.
Piensa en él voluntariamente mientras está sola,
sufre tanto de amor que la compadezco.

Resistencia, fuerza, le digo...
Pero ella es indiferente, inamovible y sorda a mi voz.

Mi amiga, mi hermana, mi compañera de batallas, de
amores y desengaños. Imploro clemencia a tu intelecto,
a tus sentimientos y a tu corazón.

¡Quiero que vuelvas a volar,
        que rompas las cadenas,
                que seas libre!

(IN)PUNTUAL

La puntualidad siempre me ha apasionado.
Cuando se es puntual pocas personas se dan cuenta,
eres el primero en llegar.

Pero contigo siempre llego tarde.
No es porque lo quiera, simplemente es así.

Me importas. No pienses lo contrario.
Sin embargo, sigo llegando cuando tú

ya no estás....

EL COSTO DE AMARTE

Me costaste muchas noches de insomnio,
muchos días sin luz, muchas tardes de lágrimas.
Me dejaste sumergida en el dolor.

Contigo aprendí a gritar sin voz,
a reírme en silencio. Me enseñaste a ser fuerte
cuando no había otra opción.

Pagué el precio de tu amor,
mientras que yo te regalé mi corazón.

II

Izar las velas.
Abandonarse.
Dejar que fluya
Que el viento cambie.
Cerrar los ojos y callar.

Autor desconocido.

AÚN SIGO ESPERANDO

Aún no sé si alejarme de ti fue lo correcto,
aunque en ese momento era lo más sensato.

Alejarme de ti, amándote como te amaba,
fue un acto de amor propio.

Tú, una vida de adrenalina, riesgos, tormentas y
tornados. Yo, una vida de imagen, apariencia.

Tú el chico rebelde, el chico malo.
Yo la dama respetable siempre a tu lado.
Éramos una combinación letal:
el cielo y el infierno.

He de confesarte que aún sigo esperando a alguien,
alguien que llegue y que no tenga complejos con los
cuales tenga que batallar. En mis ojos se refleja el dolor
de tu partida, de saber que ya no estás, que me
convertiré en cenizas antes de volverte a ver.

Aún sigo esperando a alguien que no seas tú.
Todas las noches cuando la brisa me acaricia o
cuando la lluvia me encierra en su sonido,
espero que llegue, que me sorprenda, que entre sus
brazos me haga sentir segura, que llene mis días de risa y
canciones, que me lea y recite poemas, que su felicidad
se confunda con la mía, y que la única batalla entre los
dos, sea una guerra de cosquillas.

YA VENDRÁ ALGUIEN

Ya vendrá alguien que comprenda mis silencios,
que merezca y valore todo lo que soy.
Alguien con quien no deba ser fuerte
y pueda compartir mi dolor. Ya vendrá alguien
que en mis cicatrices solo vea victorias.

Ya vendrá alguien que me ame como antes amé yo,
que me devuelva la risa y me haga olvidar la tristeza,
alguien que me seque las lágrimas del corazón.
Ya aparecerá alguien que no me haga arrepentirme
de bajar mis armas y entregar mi corazón,
alguien con quien celebrar mis metas,
compartir mis sueños y mis miedos.

Ya vendrá alguien para cubrirme con su escudo
protector. Ya llegará alguien que en vez de lágrimas,
me dará besos, que en lugar de tristeza, me traerá amor.

Con hilos de paciencia,
retazos de esperanza y
agujas del reloj,
se hacen las costuras para remendar un corazón.

Estar consciente del proceso del olvido.
Después de amar a alguien hay que aceptar
que todo dolor es superable y transformador.

Aceptar que estás olvidando a esa persona
es sinónimo de la tan anhelada libertad emocional.

YA NO TE ESPERO

Los días pasan, las noches son eternas, pero ya no te espero. Ya las horas lograron que mi mente asimilara que no vendrás. El tiempo está ganando la batalla que libra con mi herido corazón. Estoy asimilando que no escucharé tu voz, que no seré la protagonista de tus letras, que ya no soy la que era para ti...

La vida camina y no se detiene, me obliga a seguir mientras arrastro mis pasos para continuar, mientras levantó mis ojos para discernir, mientras limpio mi rostro de tanto llorar.

Mientras, trato inútilmente de engañarme con recuerdos que no volverán, imagino escenas que sólo en mis sueños se harán realidad, y a mi pesar vuelvo de nuevo a llorar...

Los principios siempre dan miedo debido a que algunos finales nos roban hasta el último aliento y no sabemos cómo debemos reiniciar.

Por eso sigo aquí, esperando que te borres por completo de mi mente. Los días siguen pasando, las noches siguen pareciendo eternas, el sueño ya casi no viene por aquí. Aquí pasa de todo y, aunque no te olvido, aunque sigues en lo más profundo de mí, ya no te espero...

FUISTE EL MEJOR FINAL

Fuiste el mejor final,
sabor a ilusión, olor a esperanza,
sinónimo de inmortalidad.

Fuiste el peor principio,
camino de caos, de abismos profundos,
de oscura soledad.

Fuiste el universo y su ley de atracción.
Fuiste el azar sorprendiéndome.
Fuiste el destino que estaba escrito,
mi alma gemela, mi peor decisión.

Aun así, quiero pensar que eres mi mejor final,
mi sinónimo de eternidad.

EL AMANECER

Los mejores amaneceres vienen después de las madrugadas más oscuras. El valor de las promesas sobrevive a pesar del tiempo.

Ya hacen dos mil lunas que juramos no olvidar y como garantía obsequiamos lo que nos mantiene vivos, nuestros corazones.

Pero los colores de la felicidad se despidieron, no había más poemas en las tardes de lluvia, ni llamadas hablando de amor. Ya no existía el sonido de la guitarra en las madrugadas, la felicidad me abandonó, nunca más me abrazó.

Te obligaron a izar velas y navegar en busca de otro mar... Parece ayer cuando entre lágrimas, te ayudaba a quitar el ancla de mi puerto y te ayudaba a seguir hacia ese mundo sin mí.

Ha pasado mucho tiempo desde aquel día y las promesas que son decretos sin caducidad, sin fechas, aún se mantienen vivas.

Por eso, mientras la llama del amor no se apague, mientras ese abrazo siga en deuda, mientras el pernoctar pertenezca a los poetas y la noche a las estrellas. Sin importar kilómetros, años, personas, la promesa se cumplirá. Y en algún lugar del mundo, no ahora, quizá mañana tampoco, nos volveremos a encontrar.

Porque después de la oscura noche
vendrá nuevamente el amanecer.

UN ABRAZO

Entre las sombras, a lo lejos, te vi.

Corrí a tus brazos protectores y tu perfume impregnó mis vestidos, aquellos que quería que arrancaras salvajemente.

Nos fundimos en un abrazo. Abrazo en donde nuestros cuerpos se sintieron tan cercanos...

Veía tu expresión, tus ojos, me observaban con pasión. Recorrías mi cuerpo con tu mirada y ya de tu boca brotaban besos.

Amaba rodear tu cuerpo con mi abrazo, sentir tus manos caminando por mi cuerpo.

Por un segundo acaricié la eternidad con mis manos, el segundo que duró tu abrazo.

HOY TE VI

Hoy te vi, como todas las semanas. Tus ojos brillantes,
tu dulce tono de voz cuando me hablas, tu aroma único.

Hoy me detuve a pensar por qué no te quedaste,
por qué te fuiste sin razón aparente.

Te vi a lo lejos. Te vi acercarte.
Escuchaba cada palabra, observaba cada gesto.

Me hablaste de tu vida actual, de tus metas que
no habían cambiado mucho. Me dijiste lo mucho
que me extrañabas, lo mucho que querías
volver a tenerme junto a ti.

Quise detener el tiempo. Devolver las horas.

Me detuve a mirarte, estabas tan perfecto, ahí para mí.
Pero en un segundo recordé tu ausencia, lo sola que
estuve estando a tu lado. La falta que me hiciste cuando
más necesité de ti.

Hoy te vi, y aunque pude detener el tiempo en tus
brazos, prefiero dejarlo ir entre mis dedos...

RENACÍ

Después de conocer la oscuridad de un diciembre negro,
después de sufrir el frío del invierno en un noviembre
sin rostro. Luego de descubrir la soledad de un
septiembre gris y de hundirme en la melancolía
de mi eterno abril, renací...

Volví a nacer. A pesar de todo el dolor, volví a creer.
Volví a soñar, volví a confiar, recordé cómo ser feliz.
Salí del abismo, nació la luz de la oscuridad, renací...

Renací en unos ojos, en unos gestos, en una calma,
en algún semblante, en mi perseverancia volví a vivir...

LAS LLAMADAS PRINCESAS

Princesa es aquel título honorífico que se le brinda
a la hija de un Rey o a la esposa de un Príncipe...
(No hay otra manera de obtenerlo)

A las Princesas se les atiende al sonido de su voz.
Se les enamora con detalles y poesía. Se les quiere con
el alma. Se les dibuja un mundo de colores y fantasías.

A las Princesas se les trata bien. Algunas las encuentras
escondidas bajo un manto de desconfianza,
otras, detrás de una armadura de guerrera.
Las verás solitarias, leyendo un libro,
las encontrarás jugando a ser feliz.

Algunas quizás estarán disfrutando de la lluvia en
soledad y otras luchando por un mundo mejor.
Están también aquellas que creen en la justicia
y las que no se rinden frente a la vida...

Lo cierto es que cuando te encuentras a una Princesa la
reconoces en su manera de hablar, de comportarse, en
la forma en que se refiere a otros, sus valores, su mística.

Cuando te encuentres con una Princesa, cuando el
destino y la vida te la muestren, muchas cosas cambiarán
y lo sabrás, sólo respirarás alegrías, pensarás en ella y
demostrarás con más ahínco, que fuiste educado
por una Reina...

A ESTA EDAD

A esta edad, con mi silbido he entonado canciones.
Algunas casi ya olvidadas, otras, desconocidas por las
nuevas generaciones. He guardado secretos con mi vida,
y una que otra lágrima he derramado por alegría, por
tristeza, y otras por impotencia frente a muchas
situaciones.

A esta edad es donde se colocan en la balanza las
actitudes, los amigos, la familia, las emociones, la vida.

A mi edad he visto cambiar de estaciones el tiempo, he
conocido lugares maravillosos en donde una fotografía
es insuficiente para reflejar la magia del momento, esa
belleza se mantiene en la mente como un recuerdo.

A esta edad, por creer en la democracia, he aceptado
algunas circunstancias y por la misma democracia en
la que creo, he sido fuerte crítica de algunas acciones.

Me he guardado uno que otro abrazo, secuestrado
alguno que otro sentimiento, y muchas veces
me he equivocado.

El recorrer de los años me ha enseñado a gritar en
silencio, pero nunca a silenciar verdades, porque a
esta edad el carácter no cambia, los valores no son
negociables, no se vende conciencia ni se subastan
opiniones...

A esta edad, cuando las decepciones han trascendido mi vida, cuando las decisiones han trazado caminos, mi conciencia duerme tranquila. Y aunque reconozco que puedo o pude ser mejor, con propiedad digo que he aprendido que aunque el camino se vea borroso, ilegible y muy empinado, todo se supera y todo te transforma.

LA MUÑECA QUE SE CREE GUERRERA Y LA PRINCESA DEL INVIERNO

La muñeca que se cree guerrera siempre llega al auxilio de los demás, pero nadie la rescata a ella.

La muñeca que se cree guerrera tiene un escudo en su mano derecha y una ironía celosamente guardada en el bolsillo de su coraza para evitar que las palabras externas duelan.

La muñeca que se cree guerrera porta en su armadura psicología inversa, la Princesa del invierno es sicología innata.

La muñeca que se cree guerrera demuestra fortaleza, su vida es luchar y nunca claudicar.

La Princesa del invierno derrama su tristeza en tinteros y en hojas rayadas por las líneas que dibuja el tiempo.

En ocasiones, la Princesa se convierte en guerrera y la muñeca se transforma en invierno, pues la realidad, es que son dos en una, o como dicen muchos, una es las dos...

LA MUÑECA Y EL G. I. JOE

Ella muñeca de porcelana para él.
Él un soldado G.I. Joe para ella.
Ella la representación de bondad, sencillez y simpatía.
Él vigoroso guardián y protector.

Criados en la misma zona geográfica, pero no de la misma manera. Levantados con sacrificios, de mundos distintos, de amores complejos, de historias inéditas, hechos de mentiras y tallados en dolor, esa era su similitud...

Ni los años ni el tiempo pueden con el destino. Y aquella tarde después de muchas lunas, de incontables amaneceres, se encontraron la muñeca y el soldado, con sus maletas cargadas de miseria la cuales estaban dispuestas transformar en ilusiones y vida. Querían seguir adelante.

Recuerdos de infancia se asomaban a la memoria de aquella muñeca de porcelana... Recuerdos de los días de guerra aparecían en la mente de aquel soldado...

Así se emprende el diálogo y veintiséis horas bastaron para que esos mundos por fin se unieran y fueran uno solo.

Faltos de amistad y compañía, llenos de soledad,
esculpidos de traiciones, moldeados de derrotas;
allí estaban jugando al azar.

Ella totalmente diferente a lo que él recuerda
y él totalmente diferente a lo que ella piensa.

LA MISIÓN DE ELLA

Siempre llegan así:
rotos, quebrados, con su vida miserable
y una maleta de viaje con sueños
y añoranzas de una vida mejor.

Siempre llegan así:
buscando esperanza,
buscando consuelo,
buscando paz.

Siempre arribando a su norte,
sacudiendo su vida,
cambiando las creencias.
Y ella siempre
apostando a ellos.

Siempre la invaden,
esa es la misión:
coser las heridas,
curar las llagas,
brindar amor
y devolver sueños perdidos.

Después se van,
se marchan a otros horizontes
a conquistar sus sueños,
a ser felices...

A veces,
cuando la prueba de fuego parece insuperable,
recuerdan cómo coserse, cómo curarse,
y pueden ayudar a coser las heridas de otro
con las técnicas que ella les explicó
y así superar la misión.

Probablemente,
ella esté curando a otras personas
mientras ellos se van.

La misión siempre será curar, siempre creer,
siempre estar, siempre ser su hogar.

VIAJEROS

Allí estaban los dos, consultando decisiones,
guiándose por un trozo de papel que tenían por mapa.

Sentían la solidaridad y apoyo mutuo en los retos,
que no eran más que la carta de presentación de aquel
país, ese que querían descubrir.

Atrapados por otra cultura, otra metrópoli y otro
continente diferente, disfrutaban cada aroma, cada
sensación, estaban felices.

Se detenían a mirar por las ventanas de los buses y de
los trenes. En sus mochilas llevaban lo necesario, una
cámara fotográfica, sueños, y las ganas de apreciar otro
cielo, otro mar...

En la mano izquierda un reloj de cuero que señalaba un
cambio horario de su país de origen. Algunas pulseras
sobre su mano derecha, en su cuello unos lentes de sol,
y un sombrero sobre su cabeza.

Allí estaban los dos. Sintiéndose caminantes,
exploradores de un mundo nuevo.

ROMA ETERNA

Hoy dejo tus calles con la esperanza de algún día volver a ti, con la ilusión de volverte a ver.

En mi maleta llevo como equipaje tus increíbles paisajes, tus colores, tu elegancia, tu mística única y eterna.

Atesoro en mi memoria los recuerdos de aquellos días que pasaron, tus amaneceres fríos, tus atardeceres de ensueño... Roma eterna, mi eterna Roma...

Mis pasos lentamente se alejan de tus sendas, mi recorrido debe continuar. Y, antes de partir, hago una colección de imágenes de tus monumentos, de tu historia. Roma eterna, la ilusión que me trajo hasta ti perdurará por siempre en los años, será eterna en mí.

Hoy abandono tus calles con la alegría de que mis ojos se maravillaron, te admiraron. Con la felicidad de saber que me he vuelto a sentir viva gracias a ti.

A LA DISTANCIA DE UN VIAJE O DOS

A la distancia de un viaje o dos
me encontraré contigo.
Te abrazaré y descubrirás
mi corazón intacto, lleno de amor.

A la distancia de un viaje o dos,
allí siempre estás conmigo.
La vida todos los días me habla de ti.

Tus letras tatuadas en mi cuerpo
aún permanecen, y tú aroma
aún está impregnado en mi piel.

A la distancia de un viaje o dos,
volveremos a ser uno.

¿A QUIÉN QUIERO?

¿A quién quiero?, interrogante misteriosa.
Hoy no tengo la respuesta.

Sólo sé que mi corazón sabe vestirse de las personas
que intentan entenderme sin juzgarme, sin buscar
cambiarme, de aquellas que sueñan mis sueños,
de las que me ayudan a ver el mañana con otra mirada.

¿A quién quiero?, en mi defensa sólo puedo informar
que aún no sé querer. No sé querer con ese amor
de abandonarlo todo por alguien, de dejar
de ser yo misma por complacer a otros.

Soy de las que no sé querer
si tengo que dejar de amarme...

PUNTO DE REFERENCIA

Necesito horas, días, meses, años, vidas,
para expresarte lo que siento. Porque estas ciento
cuarenta y cuatro mil palabras atravesadas
en la garganta agobian mi pecho y mi alma.

Hay tanto por decir, ¿me alcanzará la vida
para explicarte lo que significas para mí?

Déjame quererte y quiéreme tanto como puedas,
porque es así como unimos nuestras almas,
nuestros cuerpos, nuestras vidas...

PROTOCOLO

Deja el protocolo,
rásgame
la ropa,
quiébrame
la voz,

regálame tu cuerpo,
        tus sombras,
            tu luz...

¿CÓMO AMARÍA EL HOMBRE A UNA MUJER?

A una mujer se le ama entera, no a pedazos, no a ratos.
Se le debe amar a tiempo, no juzgando su pasado,
ni siendo verdugo de sus decisiones.

Se le debe amar con sus defectos y virtudes.
Se le debe amar y proteger todos los días.
A una mujer se le debe amar bien.

A una mujer se le debe amar con orgullo, con sabiduría,
con inteligencia, con pasión, con poesía...

Para amar a una mujer se debe estar muy loco.
Amar como se debe amar a una mujer
es un reto que sólo hombres valientes
se atreven a afrontar.

¿CÓMO DEBE AMAR LA MUJER A UN BUEN HOMBRE?

Les diré que amar a un buen hombre no es nada fácil,
debes respetar su independencia y construir en ella
la base de la comunicación.

Una mujer debe amar a un buen hombre admirándolo,
celebrando sus logros, descubriendo sus gustos,
conociendo sus reacciones frente a las situaciones.

¿Cómo debe amar la mujer a un buen hombre? Debe
amarlo conociendo sus puntos débiles para convertirlos
en inquebrantables, debe amarlo como punto de partida,
punto de referencia, como punto final.

Debe amarlo en sus días más oscuros y ser el rayo de luz
que lo ilumina, amarlo en sus días más claros, ser la
suave brisa que lo acaricia. Lo debe amar con sus
diferencias de pensamiento y actuación,
debe entenderlo aun sin comprenderlo...

Para que una mujer pueda amar a un hombre
primero debe estar segura de amarse a sí misma
y de inspirar amor en él.

Para amar a un buen hombre hay que ser valiente,
porque es simple, sólo debes ser una auténtica
y verdadera mujer...

LA MEJOR MANERA DE AMAR

En atardeceres mágicos, en noches serenas
y en mañanas llenas de luz, el cambio se nota
en el semblante y en la actitud.

Han trascendido muchas cosas y la mirada
se enfoca en otra dirección. Ahora los pensamientos
son claros y muy estables.

Como regla general: para que nos amen, hay que amarse
primero. Esto suena complejo y hasta increíble, pensar
que uno no se ama es contradictorio, pero es lo más
común que nos sucede: no amarnos.

Es triste escuchar cómo algunas personas
no pueden dejar ir lo que no les hace bien,
se desvaloran por un amor.

Sin saber que permanecer amando no es cuestión
de emociones o impulsos, permanecer amando
es una decisión, el amor es un principio,
y muchas veces, hay que aprender a decidir.

Estar tranquilo, tener paz,
es la mejor manera de amar y amarse.

A TI

A ti que desde antes de conocerme me amaste,
que aunque tuviste temor, me elegiste a mí.
A ti que en tus brazos siempre tengo un refugio,
que en tus palabras conservas la guía de mi vida.
A ti que me complaces muchas veces,
que me regañas otras más...

A ti que compartes con honor mis logros,
que me consuelas con abrazos cargados de amor,
que me escuchas sin cansarte.

A ti que nunca lloras cuando las cosas no van bien,
que nunca te rindes. Siempre dispuesta a apoyarme,
aunque por la experiencia de tus años, sepas
que voy a perder...

A ti, mamá, que eres ejemplo de lucha, perseverancia,
trabajo y amor. A ti, mi faro, mi guía, mi compañera, mi
luz, mi amiga. A ti dedico estas letras con amor
eterno, con agradecimiento infinito por darme la vida.

Gracias porque tu vientre fue mi hogar, porque
compartiste tu cuerpo conmigo, tu sangre, tu oxígeno,
tu respirar... gracias por cuidarme.

Hoy el lenguaje se queda corto, no se pueden encontrar
la palabras correctas para explicar el inmenso amor que

siento por ti... Decir que te amo no alcanza para expresar mis sentimientos.

A ti que siempre serán pocas las horas a tu lado, que eres la mano que me sostiene, una mujer extraordinaria.

A ti, mamá, que te amo más allá de lo que yo misma puedo llegar a imaginar.

UN AMOR INAGOTABLE, DIFERENTE

Cuando se tiene la dicha de ser mamá
el amor es diferente y único.

Nos acerca al sentimiento más leal y mágico que
podamos experimentar. Es sentir el amor afuera del
cuerpo, es conocer la incertidumbre cuando no podemos
controlar el entorno. Es celebrar las metas como tuyas,
cuando no lo son. Es querer convertirse en el genio de la
lámpara para cumplir sus sueños. Es desear que su dolor
se transporte hacia ti para que no lo sientan.
Es brindar apoyo, consejos, seguridad. Es convertirse en
superhéroe. Es un amor inagotable, inexplicable.

Cada madre reconoce en su hijo al Príncipe azul que
siempre ha esperado. Cada hija es un arcoíris en sus
decisiones y en su actuar. Cada madre siempre está con
su hija... Cada hijo siempre lleva consigo a su madre...

Ustedes son el mejor legado que yo pueda regalarle a la
vida en agradecimiento por permitirme ser su mamá...

Mi amor siempre será incondicional, inalterable,
inagotable y eterno.

PROMETO CORRER HACIA TI

Prometo correr hacia ti
aunque mi mente se niegue a necesitarte
y mi cuerpo se colapse.

Aunque mi alma desfallezca en el camino
y mi voz no se escuche de tanto llamarte.

Prometo correr hacia a ti
sin importar mis sueños,
mis ganas, mis metas o mis tristezas.

Sin tener en cuenta los meses, los años,
prometo correr hacia ti.

ME AMAS, MI CORAZÓN LO SABE

Me amas, mi corazón lo sabe.

No alces tu voz con juramentos
ni promesas de amor,
por favor, enmudece tus labios.

No olvides que somos piezas de rompecabezas
postergadas en invierno, tiradas en otoño al viento.

Nos amamos, lo sabemos,
nuestras miradas nos delatan,
en el silencio lo decimos,
nuestros cuerpos lo sienten,
y ante la duda de la existencia de otra vida,
nuestro encuentro pactamos ya.

EL PASAJERO

El tren inició su recorrido. Su destino era desconocido. Avanzaba muy lentamente.

El reloj marcó la hora de partir, pero el recorrido no fijaba a cuántos kilómetros de distancia se encontraba la siguiente parada o cuánto tiempo duraría el viaje...

Recuerdo que era una tarde fría de diciembre.
Al final del andén alguien se acercaba a mucha velocidad, algunos retrasos en su día, en sus años y hasta en su vida eran los culpables de su tardanza. Su equipaje era ligero, pero sus gritos altos y fuertes denotaban angustia en su voz.

Aquel pasajero tenía guardado el boleto desde hacía algunas navidades anteriores, esperando con ilusión el momento en que aquél tren llegara a la estación de su ciudad. Ahora no podía perder el viaje que tantas navidades espero sin antes dar todo su esfuerzo.
Y así, el pasajero logró tomar el tren desfalleciendo de dolor y de cansancio extremo.

Y es que cuando las personas se rigen por el universo todo es posible... Él estaba destinado a ser el último pasajero, irremediablemente, mi último pasajero...

¿Y QUIÉN ERA ÉL?

Él es un secreto jamás compartido en mi vida.
Él es un apoyo incondicional en mis días.
Él es una conversación mágica e interminable,
un confidente fugaz, una mano extendida,
un oído atento a mis frustraciones.

Un consejo a tiempo, un amor irremplazable,
un cariño sincero.

En tiempo pasado, un desconocido más;
en tiempo presente, el faro que me guía;
en tiempo futuro, simplemente él.

¡LLEGASTE!

Llegaste a mi vida en un momento determinante.
Llegaste a traerme paz y seguridad.

Estabas allí, esperándome, para inundar de risas
mi desierto. Llegaste como llega la lluvia en verano,
sin esperarla, y comprendí que contigo
la sequía podría tener fin...

Llegaste a enseñarme un mundo de ilusiones,
de sueños por cumplir. Llegaste a mostrarme otra
manera de ver la vida. Llegaste en el momento
más oscuro, con tus palabras de luz.

Aprendiste a creer y a confiar en mis instintos,
aprendiste a escucharme y me apoyaste en cada
situación. Apostaste por mí, sin importar
si ganaba o no.

Llegaste a cambiar mi mundo, a mostrarme el amor
que merezco. Llegaste, simplemente llegaste.
Ahora, por favor, no te vayas.

CONEXIÓN

La conexión
    es el idioma
        del alma.

Para amar a alguien
        hay que vibrar con su alma,
                no con su cuerpo.

PARA HACERTE FELIZ

Hoy quisiera dibujar una sonrisa en tu rostro,
ese rostro que me habla con la mirada.

Para hacerte feliz inventaría un mundo en donde
se cumplen todos tus sueños. Uno en donde el dinero
no definiera un "status" ni el trabajo una posición.

Para hacerte feliz erradicaría del mundo la tristeza,
eliminaría los episodios amargos de la vida.
Existirían infinitos instantes de luz,
de sonidos del viento, de buenas noticias.

Pero la realidad es contraria al deseo,
al erradicar tus tristezas, dejarte ganar siempre
y evitar tus días grises, no serías feliz.
Los estados emocionales no pueden, ni deben ser
eternos, ellos tienen sus fases, sus espacios, su momento.

Las cicatrices emocionales te hacen crecer y creer,
te hacen superarte, te definen, te transforman,
hacen que evoluciones.

Para hacerte feliz, como tú lo quieres,
siempre estaré ahí, a tu lado. Para hacerte feliz,
sólo necesitas creer en ti, como lo hago yo.

ASÍ ERES TÚ

Te observo sin mirarte.
Te escucho aunque no me hables.

Así eres tú, tan enigmático como misterioso.
Dibujando la vida de manera tan sutil,
con tu actuar tan determinado con el mundo.

Eres fuerza, sabiduría y actitud.
Eres apoyo, vida y pasión.
Eres mar, letras y motivación.
Eres asertividad, inteligencia y don.

Tus pensamientos cautivan el universo
y con tu voluntad de acero
eres artesano de los sueños.

Eres genuino, eres poesía, eres talento.
Eres guerrero de batallas, capitán en alta mar
que disfruta su constante navegar.

Eres luz, energía, inspiración,
destreza y habilidad.

Eres simplemente cuatro letras:
eres ARTE... Eso eres tú.

LO QUE NOS INTERESA

No nos interesa alguien que nos tenga la vida resuelta, tampoco esas personas que sus opiniones se convierten en clones de las propias y sigan la misma ruta del actuar.

No nos interesa el dinero, posesiones o activos (cada uno tiene el mérito por regalarse lo que quiere y luchar por lo que desea).

No nos interesa aquella persona que supone que en las leyes del universo el amor es una cárcel y su demostración es empeñar la libertad de su ser amado con celos y reclamos infundados.

Nos interesa alguien que comprenda que uno está donde quiere estar y con quien desea estar, sin necesidad de exigirlo.

Nos atrae aquello que significa retos, que son desafíos cotidianos y que con el actuar se demuestra que vale oro cada minuto del tiempo.

Nos interesan aquellos personajes del mítico cuento que son ternura, amor y carácter, que te llevan al siguiente nivel por tu propio bien.

Nos interesan aquellos que son risa y lágrimas, fuego y corazón, equilibrio y sensatez, que son verdaderos consejeros y protectores.

SÉ FELIZ

Ser feliz es una decisión, no un estado de ánimo.
Aquella persona que te quiere bien es aquella que
aporta a tu día cosas buenas y positivas sin que se lo
pidas: un consejo, una canción, una poesía,
una acción, una palabra.

¡Decide ser feliz ahora!

Las situaciones pasan, nada es eterno.
Ama a la vida, de eso se trata, de aceptar la magia
del proceso y dejar que todo fluya.

Mantén a tu lado a las personas correctas,
¡esas que te van a hacer feliz sin que se los pidas!

HOY DESEO PARA TI

Deseo que guardes fuerzas para cuando no puedas correr en la vida, puedas caminar, porque a veces el cansancio nos quiere rebasar en la meta, simplemente nos quiere ganar.

En la tempestad que a veces nos adorna la vida para hacernos más fuertes ante las situaciones,
deseo que siempre veas el faro que te guíe
para encontrar un puerto seguro.

Deseo que seas custodio de algunos abrazos y algunos "te quiero" y que no temas decirlos a aquellas personas que lo merecen, porque los días en este mundo son temporales...

Que en tu vida tengas reservas de fe para confiar que todo va a salir bien, aun cuando veas el camino oscuro, y si por algún motivo, a pesar de la lucha y del esfuerzo, las cosas no tienen el final esperado, deseo que nunca te falte provisión de gotas de serenidad y aceptación que puedas rociar a tu alrededor.

Deseo para ti, que seas la mano extendida para ayudar sin importar si después lo agradecen o no... En la vida, creo que es una de las lecciones más importantes y más difíciles de aprender.

Que en aquella curva del destino en donde se pongan
a prueba tus valores y tu lealtad, puedas salir airoso
y con la frente en alto.

Deseo para ti que en tu caminar elijas personas correctas
para sostener una amistad, que aunque sean pocos,
sean buenos...

También, deseo que custodies palabras de aliento para
quien lo necesite, y cuando sientas desfallecer, como a
veces pasa, cuando te sientas triste y solo, como a veces
ocurre, tengas para ti una reserva de optimismo, una
paleta de colores, una esperanza.

Reserva también risas para compartirlas y guarda
aquellos recuerdos que te hacen feliz.

En fin, deseo para ti un caminar en la vida en donde,
a pesar de todo y a pesar de nada, siempre encuentres
la mejor manera de reaccionar, la mejor manera de
discernir...

Deseo para ti... que disfrutes tu edad, sin importar
cuántos años sean. ¡Y que seas feliz!